수학적 모델링 콘텐츠
- 파이썬 1 -

김준석, 김상권, 이채영, 최용호, 곽수빈, 황영진 지음

[파이썬 수학적 모델링 워크북]

수학적 모델링 콘텐츠 - 파이썬 1 -

초판인쇄   2021년 8월 1일
초판발행   2021년 9월 1일

저   자   김준석, 김상권, 이채영, 최용호, 곽수빈, 황영진
펴 낸 곳   지오북스
등   록   2016년 3월 7일 제395-2016-000014호
전   화   02)381-0706 | 팩스 02)371-0706
이 메 일   emotion-books@naver.com
홈페이지   www.geobooks.co.kr

ISBN   979-11-91346-09-1
값 11,000원

이 책은 저작권법으로 보호받는 저작물입니다.
이 책의 내용을 전부 또는 일부를 무단으로 전재하거나 복제할 수 없습니다.
파본이나 잘못된 책은 바꿔드립니다.

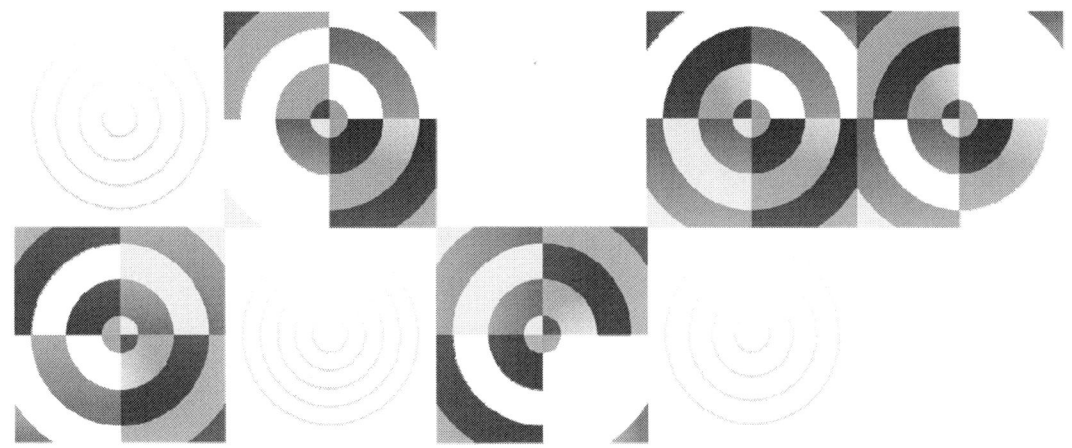

머리말

Preface

본 저서는 한국과학창의재단의 정책과제 중 2018년도 '수학적 모델링 프로젝트 수업 콘텐츠 개발(Class Content Development for Mathematical Modeling Project)' 사업에 의하여 수행된 연구결과와 내용이 포함되어 있습니다. 우리는 학생들의 수학적 능력과 자신감 발달을 위해, 수학에 대한 호기심을 불러일으키기 위해, 수학의 가치와 유용성을 인식시킬 수 있는 주제가 필요하다고 판단되어 수학적 모델링 콘텐츠 개발 연구를 진행하였습니다. 단순히 연산능력을 확인하는 문제가 아닌, 실생활에서 만나게 되는 문제들에 대해서 주어진 조건을 이해하여 해결전략수립, 연산, 검증, 일반화, 수학개념과 원리활용 등 종합적인 능력 발달을 고려하여 수학적 모델링 콘텐츠를 개발하였습니다. 본 저서는 실생활 주변에서 충분히 접할 수 있는 문제들을 발굴하여 다음과 같은 주제로 구성하였습니다.

1. 효율적인 진료대기 시스템
2. 공평한 예매 방법
3. 효율적인 공중화장실

각 주제별로 문제가 주어지면 문제 상황을 이해하는 과정, 문제를 해결하기 위한 조건과 식을 찾는 과정, 찾아낸 조건과 식을 통해 결과를 확인하는 과정, 비슷한 조건으로 다른 상황에 응용하는 과정 순으로 내용을 구성하였고, 수학적으로 모델링한 내용을 '파이썬(Python)' 프로그램을 사용하여 코딩하고 결과를 확인해 볼 수 있도록 소스코드를 제공하였습니다. 본 저서를 집필하기까지 공동저자들이 함께 노력하여 여러 차례 내용을 가다듬고 검수하였지만, 부족한 부분이나 더 보충해야 할 부분이 있을 것이라 생각됩니다. 독자 분들의 의견 또는 문의 사항 등이 있으시면 cfdkim@korea.ac.kr (김준석)로 메일을 보내주시기 바랍니다. 이 교재가 수학적 모델링 수업에 잘 활용이 되어 학생들이 생활 속의 문제들을 수학을 이용하여 해결할 수 있다는 체험을 할 수 있으면 좋겠습니다. 끝으로 흥미 있고 유익한 수학적 모델링 콘텐츠 발굴 연구 과제를 지원해준 한국과학창의재단의 지원에 감사를 드립니다.

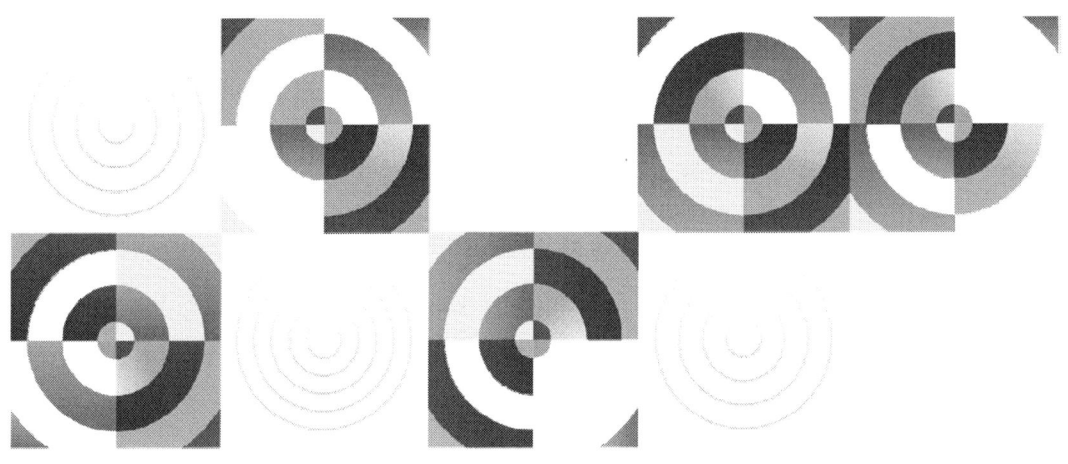

목차

Contents

Part 1 **효율적인 진료 대기 시스템 • 4**

section 01 수학적 모델링 요약 5 page

section 02 문제 상황 이해하기 6 page

section 03 모델 세우기 8 page

section 04 문제 해결 9 page

Part 2 **공평한 티켓 예매 • 18**

section 01 수학적 모델링 요약 19 page

section 02 문제 상황 이해하기 20 page

section 03 모델 세우기 21 page

section 04 문제 해결 23 page

Part 3 **효율적인 공중화장실 • 32**

section 01 수학적 모델링 요약 33 page

section 02 문제 상황 이해하기 34 page

section 03 모델 세우기 35 page

section 04 문제 해결 37 page

Part 4 **파이썬(Python) 설치 • 44**

Part 5 **파이썬 기초 명령어 • 51**

Part 01 효율적인 진료 대기 시스템

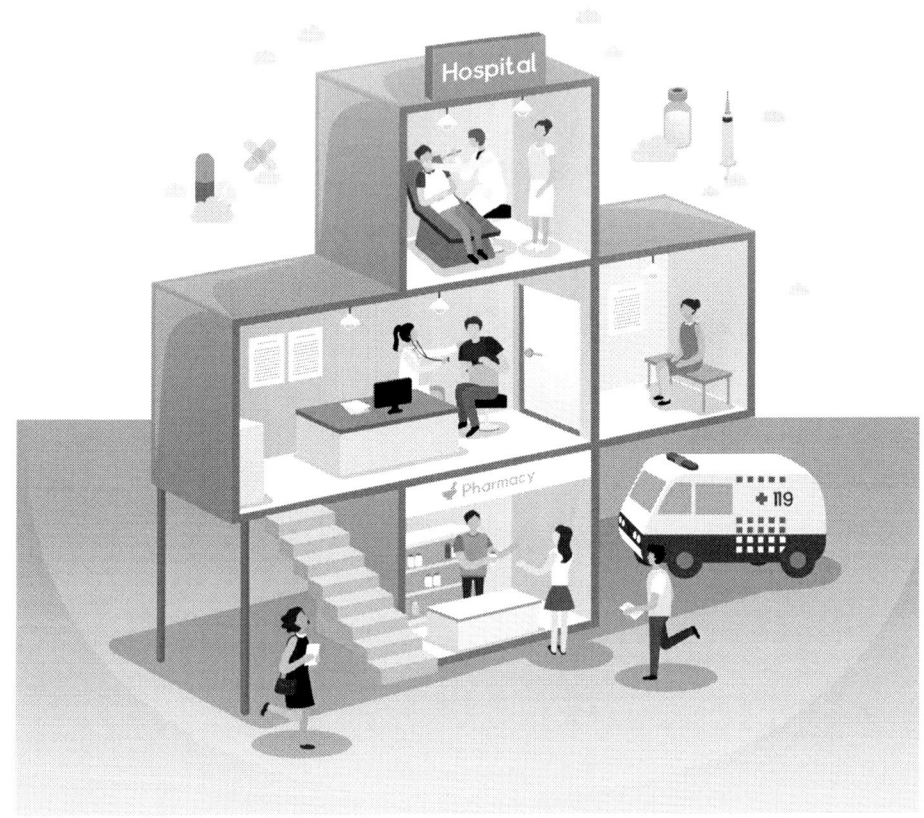

　병원에서 진료를 받기 위해 많은 환자들이 대기실에 앉아서 자신의 순서가 오기를 기다린다. 병원에 예약시스템을 도입하고 있음에도 불구하고 환자가 많을수록 진료 시간에 비해 상대적으로 대기시간이 길어 환자들의 불만이 높은 경우가 많다. 또한, 대기시간이 길수록 대기자들도 많아짐으로써 병원은 대기자들을 위한 공간을 충분히 확보해야 하는 문제를 얻게 된다. 만약 환자들이 본인의 진료 대기시간을 알 수 있다면, 환자들은 대기시간을 효율적으로 사용하게 될 것이다. 그러면 대기시간에 대한 불만과 병원 내에 대기하는 환자 수를 줄이는 효과를 볼 수 있을 것이다. 따라서 수학적 모델링을 통해 효과적으로 환자 대기 시스템을 해결해 보자.

Section 1   수학적 모델링 요약

모델링 제목	효율적인 환자 대기 시스템
학습 목표	환자들 각 개인 마다의 예상 대기시간을 계산하여 환자들에게 알람 서비스를 제공하는 시스템을 만들 수 있다.
학습 내용	환자들 각각의 진료 항목별 진료 시간을 누적해서 예상 대기시간을 계산하여 30분 간격으로 환자들에게 알람 서비스를 제공하는 알고리즘을 만들고 파이썬 프로그램을 이해한다.
더 생각해 볼 문제	– 알림 메시지를 받고 늦게 도착했을 때 – 예상보다 진료 시간이 앞당겨져서 늦은 경우

Section 2   문제 상황 이해하기

병원에서 오래 대기했던 경험을 생각해 보고, 대기할 때 불편했던 점을 이야기해봅시다.

대기 안내 전광판에는 대기인원 일부만 나오고 언제 진료받게 될지도 모른 채 막연하게 대기 장소에서 기다린 적이 있어요. 한 시간이 넘게 기다렸는데, 만약 그렇게 오래 기다릴 줄 알았다면 밥이라도 먹고 왔을 거예요. (출처 : MS System)

나의 진료 예상 시간을 알고 싶다면 어떤 정보가 필요할까요?

예상 진료 시간을 어떻게 알려주면 좋을까요?

- 대기하고 있는 환자의 수
- 각 환자의 진료 시간

진료과목 정보

❖ **주요 질환**
- 머리목(편두통/일자목/디스크)
- 어깨(오십견/회전근개질환)
- 팔꿈치(테니스/골퍼스엘보우)
- 허리(협착증/디스크)
- 엉치(좌골신경통)
- 무릎(류마티스/퇴행성관절염)
- 다리(부정렬증후군)
- 발목(염좌)
- 발(족저근막염/평발/무지외반증)
- 스포츠 손상
- 수술 후 통증, 기타 만성통증
- 교통사고 후유증

❖ **검사 및 치료**
- 근 골격 초음파 검사
- 체형(자세)진단 검사
- X-RAY 진단 검사
- 프롤로(인대강화, 증식치료)
- 신경 차단술
- 비수술적 통증 클리닉
- 족부 보조기 치료
- 재활 물리치료[도수(수기)치료]
- 체외충격파 치료
- 뼈 붙이기, 부종 수액치료
- 통증, 신경, 인대 수액치료
- 웰빙 수액치료

출처 : 삼성의원

환자가 접수할 때 처음으로 알려주고 이후 30분 간격으로 카카오톡으로 알림 메시지를 보내준다.

진료를 받는 사람 1명과 진료 대기자 5명이 있는 상황에서 수학적 모델링 방법을 통해 상황이 어떻게 진행되는지 살펴봅시다.

Section 3 | 모델 세우기

환자 대기자 번호	1	2	3	4	5	6
진료 시간(분)	8	13	10	16	13	12
대기 시간(분)	0	8	21	31	47	60
알람을 받는 대기자				✉		✉

　위 표에서 그림 바로 아래에 있는 번호가 환자 번호라고 하고 각 환자별로 진료 대기시간이 위와 같이 주어졌다고 하자. 1번 환자는 현재 진료를 받고 있기 때문에 진료를 대기하지 않는다. 따라서 진료 대기시간은 0분이다. 2번 환자는 앞에서 진료를 보고 있는 1번 환자의 진료가 마치기를 기다려야 하므로 8분을 기다려야 한다. 3번 환자는 앞에 두 환자의 진료가 마치기를 기다려야 하므로 21분을 기다려야 한다. 이렇게 하면 6번 환자는 60분을 기다린다. 대기시간 기준 30분 간격으로 알람을 준다고 하면, 4번 환자와 6번 환자에게 진료 대기시간이 31분 60분 남았다고 각각 알람을 준다. 4번 환자의 현재 대기시간이 30분 이상 60분 미만이고 현재 진료 받고 있는 1번 환자의 진료가 마치면 30분 미만이 되기 때문이다. 마찬가지로 6번 환자는 현재 대기시간이 60분 이상 90분 미만이고 현재 진료받고 있는 1번 환자의 진료가 마치면 60분 미만이 되기 때문이다. 그러나 5번 환자의 현재 대기시간은 30분 이상 60분 미만의 조건을 만족하지만 1번 환자의 진료 후에도 여전히 30분 이상을 대기해야 하므로 알람을 주지 않고 다음 기회에 알람을 준다.

Section 4 : 문제 해결

진료 대기시간이 단계별로 어떻게 변하는지 계산을 해봅시다. 알람을 주는 환자의 대기시간에 동그라미 원을 표시해봅시다.

환자 대기자 번호	1	2	3	4	5	6
진료 시간	8	13	10	16	13	12
대기시간 (1 단계)	0	8	21	㉛	47	㊿
대기시간 (2 단계)						
대기시간 (3 단계)						
대기시간 (4 단계)						
대기시간 (5 단계)						

더 많은 환자들이 대기 한다면, 어떠할지 생각해 봅시다.

대기자 번호	1	2	3	4	5	6	7	8	9	10	11	12	13
진료 시간	5	4	3	10	8	4	5	7	6	8	9	6	10
대기 시간	0	5	9	12	22	30	34	39	46	52	60	69	75

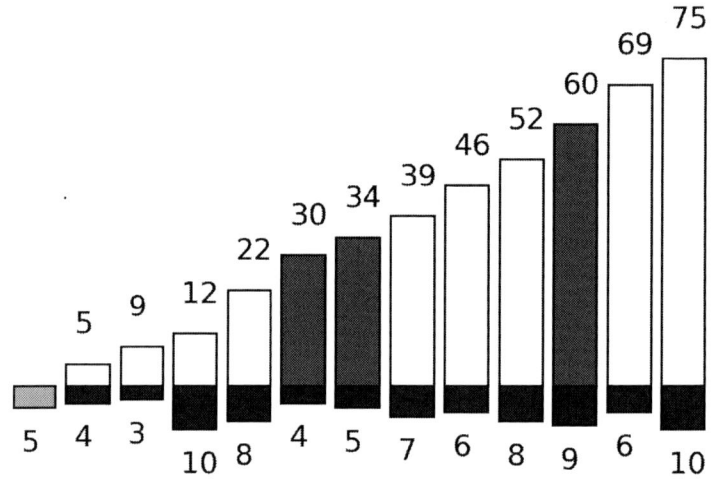

위 그림에서 수평선 아래에 있는 부분은 환자 본인의 진료 시간, 노란색 막대는 현재 진료 받고 있는 환자의 진료 시간, 수평선 위에 있는 부분은 진료 대기시간, 녹색은 알람을 받는 환자를 각각 나타냅니다.

진료 대기시간이 단계별로 어떻게 변하는지 계산을 해봅시다. 알람을 주는 환자의 대기시간에 동그라미 원을 표시해봅시다.

대기자 번호	1	2	3	4	5	6	7	8	9	10	11	12	13
진료 시간	5	4	3	10	8	4	5	7	6	8	9	6	10
1단계	0	5	9	12	22	㉚	㉞	39	46	52	㊌	69	75
2단계													
3단계													
4단계													
5단계													
6단계													
7단계													
8단계													
9단계													
10단계													
11단계													
12단계													

다음은 위 환자 대기 시스템에 대한 수학적 모델링을 파이썬 프로그램으로 구현한 코드입니다.

환자 대기 시스템 파이썬 프로그램

```python
import numpy as np
from matplotlib import pyplot as plt

TreatmentTime = np.array([8,13,10,16,13,12])
NumberOfPerson = len(TreatmentTime)
for i in range(1, NumberOfPerson+1):
    WaitingTime1 = np.hstack((np.zeros(i, dtype=int), np.cumsum(TreatmentTime[i-1:-1])))
    WaitingTime2 = np.hstack((np.zeros(i+1, dtype=int), np.cumsum(TreatmentTime[i:-1])))
    ss = int(np.floor(WaitingTime1[-1]/30))
    Alarm = np.zeros(NumberOfPerson)
    for t in range(1, ss+1):
        check = (WaitingTime1-30*t)*(WaitingTime2-30*t+0.5)
        Alarm[np.where(check<=0)] = np.where(check<=0)
    for j in range(1, NumberOfPerson+1):
        X = np.array((j-1)==Alarm)
        if np.sum(X)>0:
            plt.bar(j, WaitingTime1[j-1], color='g', edgecolor='k')
        else:
            plt.bar(j, WaitingTime1[j-1], color='w', edgecolor='k')
    for k in range(i, NumberOfPerson+1):
        if k==i:
            plt.bar(k, -TreatmentTime[k-1], color='y', edgecolor='k')
        else:
            plt.bar(k, -TreatmentTime[k-1], color='b', edgecolor='k')
            a = str(WaitingTime1[k-1])
            plt.text(k-0.25, WaitingTime1[k-1]+7, a, fontsize=13)
        b = str(TreatmentTime[k-1])
        plt.text(k-0.25, -(TreatmentTime[k-1]+10), b, fontsize=13)
    plt.axis([0, NumberOfPerson+1, -2*max(TreatmentTime), np.sum(TreatmentTime)+10])
    plt.show()
```

다음은 위 환자 대기 시스템 파이썬 코드에 대한 설명입니다.

환자 대기 시스템

```
import numpy as np
from matplotlib import pyplot as plt


TreatmentTime = np.array([8,13,10,16,13,12])
# 환자들의 진료 시간
NumberOfPerson = len(TreatmentTime)
# 접수 환자 인원
for i in range(1, NumberOfPerson+1):
    WaitingTime1 = np.hstack((np.zeros(i, dtype=int), np.cumsum(TreatmentTime[i-1:-1])))
    # 환자 별 진료 대기시간
    WaitingTime2 = np.hstack((np.zeros(i+1, dtype=int), np.cumsum(TreatmentTime[i:-1])))
    # 다음 단계 환자 별 진료 대기시간

    ss = int(np.floor(WaitingTime1[-1]/30))
    Alarm = np.zeros(NumberOfPerson)
    for t in range(1, ss+1):
        check = (WaitingTime1-30*t)*(WaitingTime2-30*t+0.5)
        Alarm[np.where(check<=0)] = np.where(check<=0)
```

알람 시스템

대기시간을 기준으로 30분 간격으로 알람을 준다.
예를 들어 대기시간이 30분 이상 60분 미만인 단계의 환자는 다음 단계 대기시간이 30분 미만일 경우, 대기시간이 60분 이상 90분 미만인 단계의 환자는 다음 단계 대기시간이 60분 미만일 경우 알람을 받게 된다.
여기서 ss는 마지막 환자에 대기시간을 기준으로 for 문의 반복 횟수를 정해준다.
for 문을 이용하여 30분 간격으로 알람을 받게 될 환자를 정한다.
만약 첫 번째 for 문이 실행되면 대기시간이 30분 이상 60분 미만의 환자들을 조사한다.
check는 환자들의 현 단계와 다음 단계의 대기시간에서 30분을 뺀 두 단계의 시간을 곱해준다. (여기서, 다음 단계 시간을 계산할 때 0.5를 더해주는 이유는 0이 됨을 방지하기 위해서이다. 알람을 받을 환자는 check의 값이 0 이하가 된다.)
이때, check에서 0 이하의 값이 나온 환자들의 인덱스를 Alarm에 저장한다.
for 문이 모두 실행되고 나면 Alarm에는 현재 단계에서 알람을 받을 환자들이 저장되어 있다.

```
for j in range(1, NumberOfPerson+1):
    X = np.array((j-1)==Alarm)
    if np.sum(X)>0:
        plt.bar(j, WaitingTime1[j-1], color='g', edgecolor='k')
    else:
        plt.bar(j, WaitingTime1[j-1], color='w', edgecolor='k')
```
환자별 대기시간 막대그래프
(알람을 받는 환자는 초록색으로 표시)

```
for k in range(i, NumberOfPerson+1):
    if k==i:
        plt.bar(k, -TreatmentTime[k-1], color='y', edgecolor='k')
    else:
        plt.bar(k, -TreatmentTime[k-1], color='b', edgecolor='k')
```
환자별 진료 시간 막대그래프
(진료 중인 환자는 노란색으로 표시)

```
    a = str(WaitingTime1[k-1])
    plt.text(k-0.25, WaitingTime1[k-1]+7, a, fontsize=13)
    b = str(TreatmentTime[k-1])
    plt.text(k-0.25, -(TreatmentTime[k-1]+10), b, fontsize=13)
plt.axis([0, NumberOfPerson+1, -2*max(TreatmentTime), np.sum(TreatmentTime)+10])
plt.show()
```

환자 대기자 번호	1	2	3	4	5	6
진료 시간	8	13	10	16	13	12
대기시간	0	8	21	㉛	47	㊻

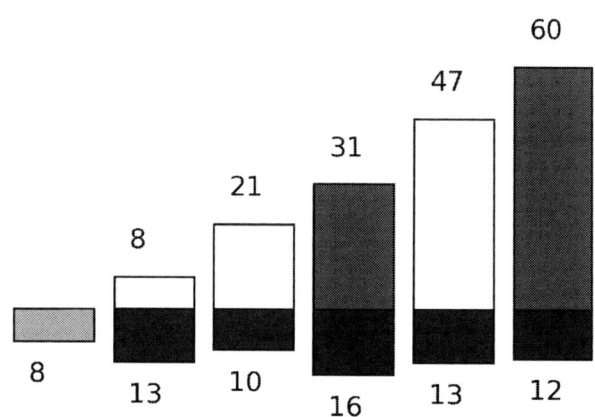

환자 대기자 번호	1	2	3	4	5	6
진료 시간	0	13	10	16	13	12
대기시간	0	0	13	23	㊴	52

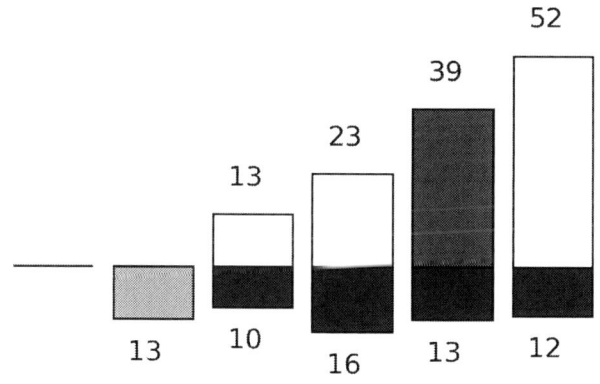

환자 대기자 번호	1	2	3	4	5	6
진료 시간	0	0	10	16	13	12
대기시간	0	0	0	10	26	㊴

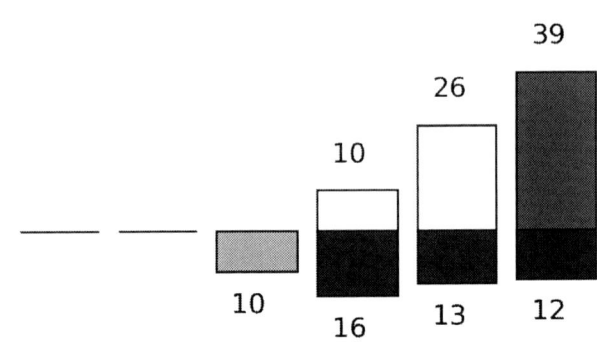

환자 대기자 번호	1	2	3	4	5	6
진료 시간	8	13	10	16	13	12
대기시간 (1 단계)	0	8	21	㉛	47	㉿
대기시간 (2 단계)	0	0	13	23	㊴	52
대기시간 (3 단계)	0	0	0	10	26	㊴
대기시간 (4 단계)	0	0	0	0	16	29
대기시간 (5 단계)	0	0	0	0	0	13

위 코드의 TreatmentTime=[8 13 10 16 13 12]; 부분을 다음과 같이 변경하면 TreatmentTime=[5 4 3 10 8 4 5 7 6 8 9 6 10]; 13명의 환자 대기 시스템에 대한 코드를 작성할 수 있다.

환자 대기자 번호	1	2	3	4	5	6	7	8	9	10	11	12	13
진료 시간	5	4	3	10	8	4	5	7	6	8	9	6	10
1 단계	0	5	9	12	22	㉚	㉞	39	46	52	㊵	69	75
2 단계	0	0	4	7	17	25	29	34	41	47	55	64	70
3 단계	0	0	0	3	13	21	25	㉚	37	43	51	㊵	66
4 단계	0	0	0	0	10	18	22	27	㉞	40	48	57	㊳
5 단계	0	0	0	0	0	8	12	17	24	㉚	38	47	53
6 단계	0	0	0	0	0	0	4	9	16	22	㉚	39	45
7 단계	0	0	0	0	0	0	0	5	12	18	26	35	41
8 단계	0	0	0	0	0	0	0	0	7	13	21	㉚	㊱
9 단계	0	0	0	0	0	0	0	0	0	6	14	23	29
10 단계	0	0	0	0	0	0	0	0	0	0	8	17	23
11 단계	0	0	0	0	0	0	0	0	0	0	0	9	15
12 단계	0	0	0	0	0	0	0	0	0	0	0	0	6

Part 02 공평한 티켓 예매

　인터넷 예매 시스템이 보편화되면서 항공, 기차, 뮤지컬, 콘서트, 스포츠, 영화 등 많은 분야의 예매에 적용되어, 긴 줄을 서지 않아도 표를 구입할 수 있게 되었다. 인터넷 예매 서비스의 수요가 증가함에 따라서 표 예매 관련 문제들도 증가하여 소비자들의 피해가 속출하고 있다. 대표적인 예로, 인기가 많은 아이돌 그룹의 콘서트 표 예매가 시작함과 동시에 사이트에 접속자가 몰려 서버가 마비되어 예매를 못하게 되거나, 순식간에 표가 매진되는 상황이다. 예매방식이 '선착순'으로 이루어지고 있기 때문에 발생하는 문제이다. 따라서 콘서트 티켓 예매 시 선착순 방식이 아닌 최대한 공정하게 표를 예매할 수 있는 방법을 수학적 모델링을 통해 제시하고자 한다.

Section 1 : 수학적 모델링 요약

모델링 제목	공평한 티켓 예매
학습 목표	수학 개념을 이용한 공평한 티켓 예매 알고리즘을 만들 수 있다.
학습 내용	추첨을 통해 콘서트 티켓 예매를 진행해보자. 예매를 진행하기 위하여 일정 기간 동안 추첨 참여자 모집을 위한 예매접수를 진행한다. 추첨 참여자 1인당 구매 가능한 표의 수를 4장까지로 제한한다. 추첨 참여자 1인이 다수의 표를 예매할 경우, 예매를 희망하는 표 매수 당 적당한 비율로 당첨 확률을 정한다. 이때, 최소공배수를 이용하여 공정한 비율을 정한다.
더 생각해 볼 문제	- 각 좌석 구역 및 등급에 대한 선호나 날짜에 대한 선호 등 추가 - KTX나 고속버스 예매에도 같은 방식을 적용할 수 있는지 논의를 해볼 수 있다. - 당첨비율에 대해 논의해 최소공배수가 아닌 다른 방법을 제시해 볼 수 있다. 또한, 추첨이 아닌 다른 방법에 대한 아이디어가 있다면 다른 모델링을 진행해 볼 수 있다.

Section 2 : 문제 상황 이해하기

(1) 좋아하는 가수의 콘서트, 운동 경기, 기차, 고속버스 또는 비행기 표 등을 예매해 본 경험과 매진되어 예매를 못 한 경험 등에 대해 발표해봅시다.

> 수학적 모델링 활동에 앞서 예매시각을 기다려 예매를 해본 경험과 순식간에 매진되어 예매를 못 한 경험이 있는지 이야기를 나누어 본다. 또한, 정식으로 예매를 하지 못하여 다른 경로를 통해 예매를 한 경험, 혹은 뉴스나 기사 등을 통해 비슷한 상황을 접한 경험을 나누어 본다. 현재 예매방법에 대한 문제점과 개선방안에 대하여 이야기해 볼 수 있다.
>
> - ○○○ 가수 콘서트가 보고 싶어 인터넷 예매를 할 수 있는 △△△ 사이트에 들어가서 예매가 시작될 때까지 기다렸어요. 1시간 정도 기다렸는데 예매가 시작되자마자 표가 다 팔려서 살 수 없었어요.
> - 신문에서 '□□ 콘서트, 예매 시작 3분 만에 전석 매진!'을 제목으로 한 기사를 봤었어요.
> - 이번 추석에 고향에 내려가려고 KTX 자리를 예약하려고 했지만, 접속 대기수가 몇만 명이었어요. 어렵게 접속했을 때에는 이미 매진되어 자리가 하나도 없었어요.

(2) 공정하게 표를 예매하는 방법은 무엇이 있을까요?

> - 현장 판매가 가장 공정하다.
> - 경매를 통해 표를 판매한다.
> - 추첨을 통한 예매를 진행한다.
> - 1인당 한 장씩 예매하게 한다.

(3) 추첨을 통한 예매방식을 진행한다면, 어떤 조건들을 알아야 할까요?

> - 정해진 예매 접수 기간
> - 예매하고자 하는 자리의 구역(위치)
> - 1인당 구매할 수 있는 표의 매수

(4) 예매하고자 하는 표의 매수에 따라 추첨확률을 정해야 한다면, 추첨확률을 어떻게 정해야 공정할까요?

- 모두 같은 확률로 한다.
- 다수가 희망하는 표의 수에 낮은 확률로, 소수가 희망하는 표의 수에 높은 확률로 한다. (정규분포)
- 적은 수의 표 예매를 희망할수록 높은 확률로 한다.
- 1인당 구매할 수 있는 표 매수의 최소공배수를 이용하여 확률을 정한다.

Section 3 | 모델 세우기

다음 표와 같은 상황에서 공평하게 표를 예매할 수 있는 수학적 모델링을 생각해 봅시다.

가정1. 추첨을 진행하기 위해 일정 기간 동안 추첨 참여 접수를 받는다.
가정2. 표 구매 희망자 1인당 최대 구매 가능한 표의 수를 4장으로 제한한다.
가정3. 1인당 구매 가능한 표 수의 최소공배수를 이용하여 적당한 당첨 확률을 정한다.
가정4. 추첨은 1명씩 진행하며, 당첨된 사람에게 표를 줄 수 없을 때까지 계속 진행한다.

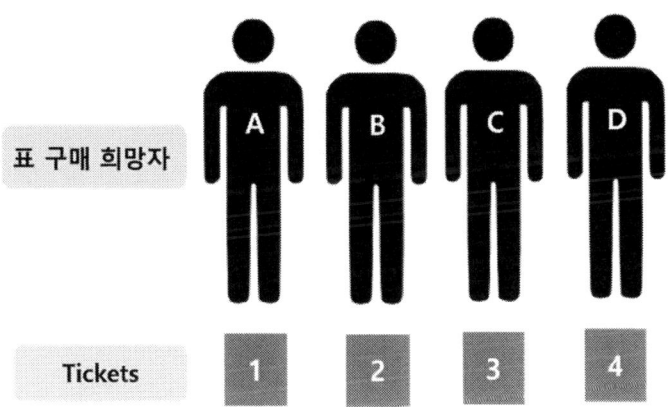

구매 가능한 표 수(1~4)의 최소공배수를 구해보고, 이를 이용하여 당첨 확률을 정해봅시다.

1의 배수:	1	2	3	4	5	6	7	8	9	10	11	12	13	⋯
2의 배수:	2	4	6	8	10	12	14	16	18	20	22	24	26	⋯
3의 배수:	3	6	9	12	15	18	21	24	27	30	33	36	39	⋯
4의 배수:	4	8	12	16	20	24	28	32	36	40	44	48	52	⋯

최소공배수를 구매를 희망하는 표 매수로 나눠서 나온 값만큼 번호가 적힌 제비를 부여한다. 따라서 총 제비의 수는 12(=12/1) + 6(=12/2) + 4(=12/3) + 3(=12/4) = 25장을 준비한다.

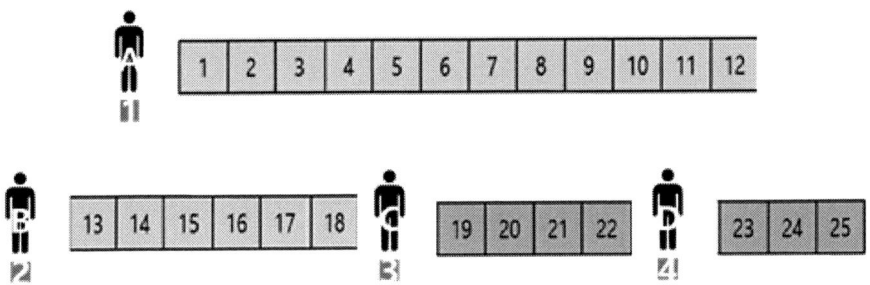

Section 4 : 문제 해결

(1) 앞에서 제시한 당첨 확률을 적용하여 추첨을 진행해봅시다. 판매하는 표 수는 10장이고, 추첨 참여자 수는 10명입니다. 다음 표와 같이 각각의 추첨 참여자가 구매를 원하는 표 수가 주어졌을 때, 각각 받을 제비의 수와 누적 제비 번호를 계산해봅시다. 그리고 첫 번째 추첨에서 13번 제비가 뽑혔을 때, 당첨된 사람은 누구일까요? 당첨된 사람에게 표를 팔고 남은 표 수는 몇 장인가요?

추첨 참여자	1	2	3	4	5	6	7	8	9	10
구매 희망 표 수	3	4	3	3	2	2	2	1	2	1
받을 제비 수	4	3	4	4	6	6	6	12	6	12
누적 제비 번호	4	7	11	15	21	24	30	42	48	60
추첨 된 제비 번호: 13										
당첨자				TICKET						
남은 표 수				7						

```
-----------------------------------------------------
No   WinLotNum  WinnerNum  NumOfTicket  RemainingTicket
-----------------------------------------------------
 1       13         4           3             7
 2       28         7           2             5
 3       35         8           1             4
 4        6         2           4             0
-----------------------------------------------------
```

작성방법

추첨 참여자 10명에게 각각 1~10까지 번호를 부여한다. 각 참여자가 구매를 희망하는 표의 수는 임의로 부여하였다(이 장 뒤의 파이썬 코드 참고). 앞에서 정한 당첨 확률에 따라, 최소공배수 12를 구매 희망 표 수로 나누어 각 참여자가 받을 제비의 수를 계산한다. 예를 들어 1번 참여자는 표 3장 구매를 희망하므로 12/3=4개의 제비를 부여받고, 2번 참여자는 표 4장 구매를 희망하므로 12/4=3개의 제비를 부여받는다. 이와 같은 방법으로 각 참여자가 받을 제비의 수를 전부 구한다.

그다음 누적 제비 번호를 구한다. 4개의 제비를 받는 1번 참여자의 제비는 1~4번으로 누적 제비 번호가 4이다. 3개의 제비를 부여받는 2번 참여자의 제비는 1번 참여자의 누적 제비 번호 다음 번호부터 3개이므로 5~7번이고, 누적 제비 번호가 7이다. 이와 방법을 반복적으로 적용하면 10번 참여자의 누적 제비 번호는 60이 된다.

총 60개의 제비 중 13번 제비가 추첨 되었다면, 11~15번 제비를 가지고 있는 4번 참여자가 당첨된 것이다. 4번 참여자는 3장의 표를 구매하기 희망하므로 전체 10장의 표에서 3장을 뺀 7장이 남게 된다.

다음은 이 장 뒤의 파이썬 코드를 실행한 결과이다. 추첨 알고리즘에 난수를 사용하기 때문에 다른 결과가 나올 수 있다.

```
-------------------------------------------------
 No   WinLotNum  WinnerNum  NumOfTicket  RemainingTicket
-------------------------------------------------
  1      13          4           3             7
-------------------------------------------------
```

(2) (1)과 같은 상황에 당첨된 사람에게 표를 줄 수 없을 때까지 계속 진행해봅시다.

추첨 시도 횟수	2 번째			남은 표 수				7 장		
추첨 참여자	1	2	3	4	5	6	7	8	9	10
구매 희망 표 수	4	4	3	3	3	1	2	1	2	2
받을 제비 수	3	3	4		4	12	6	12	6	6
누적 제비 번호	3	6	10		14	26	32	44	50	56
추첨 된 제비 번호: 28										
당첨자								🎫		
남은 표 수								5		

```
No   WinLotNum  WinnerNum  NumOfTicket  RemainingTicket
-----------------------------------------------------------
 1       13         4            3              7
 2       28         7            2              5
-----------------------------------------------------------
```

추첨 시도 횟수	3 번째			남은 표 수				5 장		
추첨 참여자	1	2	3	4	5	6	7	8	9	10
구매 희망 표 수	4	4	3	3	3	1	2	1	2	2
받을 제비 수	3	3	4		4	12		12	6	6
누적 제비 번호	3	6	10		14	26		38	44	50
추첨된 제비 번호: 35										
당첨자									🎫	
남은 표 수									4	

```
No   WinLotNum  WinnerNum  NumOfTicket  RemainingTicket
-----------------------------------------------------------
 1       13         4            3              7
 2       28         7            2              5
 3       35         8            1              4
-----------------------------------------------------------
```

추첨 시도 횟수	4 번째			남은 표 수				4 장		
추첨 참여자	1	2	3	4	5	6	7	8	9	10
구매 희망 표 수	4	4	3	3	3	1	2	1	2	2
받을 제비 수	3	3	4		4	12			6	6
누적 제비 번호	3	6	10		14	26			32	38
추첨 된 제비 번호: 6										
당첨자	TICKET									
남은 표 수	0									

```
No  WinLotNum  WinnerNum  NumOfTicket  RemainingTicket
1       13         4           3             7
2       28         7           2             5
3       35         8           1             4
4        6         2           4             0
```

(3) 판매하는 표 수(30장)와 추첨 참여자 수(50명)가 더욱 많은 경우에는 어떠할지 생각해 봅시다.

```
No  WinLotNum  WinnerNum  NumOfTicket  RemainingTicket
1      188        34           2            28
2      128        22           4            24
3       32         4           1            23
4      134        26           1            22
5       29         6           4            18
6      106        21           2            16
7       25         5           2            14
8        7         2           1            13
9       63        19           1            12
10     190        45           1            11
11      72        20           1            10
12     182        47           1             9
13      35        13           4             5
14     165        43           1             4
15     144        40           4             0
```

다음은 공평한 티켓 예매에 대한 수학적 모델링을 파이썬 프로그램으로 구현한 코드입니다.

공평한 티켓 예매 파이썬 프로그램

```python
import numpy as np

TotalTicket = 10
NumberOfPerson = 10
MaxTickets = 4
HopeTickets = np.random.randint(1, MaxTickets+1, size=NumberOfPerson)
PersonNumbering = range(1, NumberOfPerson+1)
LCM = int(np.lcm.reduce(HopeTickets))
count = 0
WinLotNum=np.zeros(TotalTicket, dtype=int)
WinnerNum=np.zeros(TotalTicket, dtype=int)
NumOfTicket=np.zeros(TotalTicket, dtype=int)
RemainingTicket=np.zeros(TotalTicket, dtype=int)
while TotalTicket > 0:
    count = count+1
    LotNumber = np.cumsum(LCM/HopeTickets)
    WinNumber = np.random.randint(1, LotNumber[-1]+1)
    Winner = np.where(LotNumber >= WinNumber)[0][0]
    TotalTicket = TotalTicket-HopeTickets[Winner]
    if (TotalTicket<0):
        count = count-1
        TotalTicket=TotalTicket+HopeTickets[Winner]
        idx=np.where(HopeTickets>=HopeTickets[Winner])
        PersonNumbering=np.delete(PersonNumbering,idx)
        HopeTickets=np.delete(HopeTickets, idx)
        if len(PersonNumbering)==0:
            break
    else:
```

```
        WinLotNum[count-1] = WinNumber;
        WinnerNum[count-1] = PersonNumbering[Winner];
        NumOfTicket[count-1] = HopeTickets[Winner];
        RemainingTicket[count-1] = TotalTicket;
        PersonNumbering=np.delete(PersonNumbering, [Winner])
        HopeTickets=np.delete(HopeTickets, [Winner])
    line='--------------------------------------------------'
    print(line)
    print(' No  WinLotNum WinnerNum NumOfTicket RemainingTicket')
    print(line)
    for i in range(1, count+1):
        print('  %d \t %d \t %d \t   %d \t    %d '
            %(i, WinLotNum[i-1], WinnerNum[i-1], NumOfTicket[i-1], RemainingTicket[i-1]))
    print(line)
```

위 코드에서 TotalTicket = 10; NumberOfPerson = 10; 일 때, 구매 희망 표 수를 정하는 부분인 HopeTickets = randi(MaxTickets,[1,NumberOfPerson]);을 다음과 같이 변경하면 10명이 구매를 희망하는 표 수를 난수가 아닌 지정한 값으로 정할 수 있습니다.

$$\text{HopeTickets} = [1\ 4\ 2\ 4\ 1\ 3\ 1\ 2\ 2\ 2];$$

HopeTickets에 입력한 수의 개수와 NumberOfPerson의 수가 일치해야 코드 수행에 오류가 없습니다.

다음은 공평한 티켓 예매에 대한 수학적 모델링을 파이썬 코드에 대한 설명입니다.

공평한 티켓 예매

```python
import numpy as np

TotalTicket = 10
# 구매 가능한 표 수
NumberOfPerson = 10
# 추첨 참여자 수
MaxTickets = 4
# 1인당 구매 가능한 최대 표 수
HopeTickets = np.random.randint(1, MaxTickets+1, size=NumberOfPerson)
# 추첨 참여자 별 구매 희망 표 수
PersonNumbering = range(1, NumberOfPerson+1)
# 추첨 참여자 번호
LCM = int(np.lcm.reduce(HopeTickets))
# 구매 희망 표 수의 최소 공배수

count = 0
# 추첨 시도 횟수
WinLotNum=np.zeros(TotalTicket, dtype=int)
# 당첨자들 제비 번호
WinnerNum=np.zeros(TotalTicket, dtype=int)
# 당첨자들 번호
NumOfTicket=np.zeros(TotalTicket, dtype=int)
# 당첨자들의 구매 희망 표 수
RemainingTicket=np.zeros(TotalTicket, dtype=int)
# 남은 표 수
while TotalTicket > 0:
#   구매 가능한 표가 있는 동안 반복
    count = count+1
    # 시도 횟수 업데이트
    LotNumber = np.cumsum(LCM/HopeTickets)
```

초깃값 설정

```
# 누적 제비 번호
WinNumber = np.random.randint(1, LotNumber[-1]+1)
# 당첨자 제비 번호 = 전체 제비 번호에서 임의로 하나 추출
Winner = np.where(LotNumber >= WinNumber)[0][0]
# 당첨자 = 누적 제비 번호가 추출된 제비 번호보다 크거나 같은 참여자들 중에서
           가장 작은 누적 제비 번호를 가진 참여자
TotalTicket = TotalTicket-HopeTickets[Winner]
# 구매 가능한 표 수 = 구매 가능한 표 수 - 당첨자의 구매 희망 표 수

if (TotalTicket<0):
    count = count-1
    TotalTicket=TotalTicket+HopeTickets[Winner]
    idx=np.where(HopeTickets>=HopeTickets[Winner])
    PersonNumbering=np.delete(PersonNumbering,idx)
    HopeTickets=np.delete(HopeTickets, idx)
    if len(PersonNumbering)==0:
        break
```

구매 가능한 표 수가 음수가 된다면 전 추첨에서 추첨 중단

```
else:
    WinLotNum[count-1] = WinNumber
    # n번째 당첨자 제비 번호 WinLotNum[n-1]에 저장
    WinnerNum[count-1] = PersonNumbering[Winner]
    # n번째 당첨자 번호 WinnerNum[n-1]에 저장
    NumOfTicket[count-1] = HopeTickets[Winner]
    # n번째 당첨자 구매 희망 표 수 NumOfTicket[n-1]에 저장
    RemainingTicket[count-1] = TotalTicket
    # n번째 추첨 후 남은 표 수 RemainingTicket[n-1]에 저장
    PersonNumbering=np.delete(PersonNumbering, [Winner])
    # 추첨 참여자 번호에서 n번째 당첨자 번호 삭제
    HopeTickets=np.delete(HopeTickets, [Winner])
    # 추첨 참여자별 구매 희망 표 수에서 n번째 당첨자 구매 희망 표 수 삭제
```

구매 가능한 표 수가 음수가 아니라면 **else** 실행(변수 업데이트) 후 **while** 문 반복

# 결과 출력 ↴
line='---'
print(line)
print(' No WinLotNum WinnerNum NumOfTicket RemainingTicket')
print(line)
for i in range(1, count+1):
    print(' %d \t %d \t %d \t   %d \t   %d '
        %(i, WinLotNum[i-1], WinnerNum[i-1], NumOfTicket[i-1], RemainingTicket[i-1]))
print(line)
# 결과 출력 ↑

Part 03 효율적인 공중화장실

출처: 수학동아 2017년 10월호, 여성화장실 줄만 너무 길어요!
http://dl.dongascience.com/magazine/view/M201710N018

　영화 관람 후, 야구경기의 공수교대 시간, 인기가 많은 아이돌 그룹의 콘서트장 등과 같은 사람이 아주 많은 공공장소에서 여자 화장실의 대기 줄이 남자 화장실보다 더 길게 늘어선 모습을 쉽게 볼 수 있다. 그러나 반대의 경우도 있다. 인기 걸 그룹의 공연일 때는 단연 남성 팬의 수가 월등히 많다. 이때는 오히려 남자 화장실의 대기 줄이 더 길다. 행정안전부가 2009년 수행한 실태조사에서 한 사람이 변기를 사용한 평균시간이 여성은 2분 31초, 남성은 1분 21초로 집계되었다. 변기 수에 따른 평균대기시간을 계산하는 공식을 제시해보고, 이를 이용하여 변기 수에 따른 평균대기시간의 분포를 살펴보자. 공연장의 총 변기 수는 고정되어 있지만, 남성이 사용할 수 있는 변기수와 여성이 사용할 수 있는 변기수를 가변적으로 변경할 수 있다면 어떻게 나누어야 최적이 될지 모델링 해보자. 편의상 변기 종류는 하나만 고려하자.

Section 1 | 수학적 모델링 요약

모델링 제목	효율적인 공중화장실
학습 목표	변기 수에 따른 평균 대기시간의 분포를 살펴보고 최적의 남녀 화장실을 설계해 본다.
학습 내용	제시된 변기 수에 따른 평균 대기시간 공식의 분포를 살펴보고, 이를 이용하여 설치할 수 있는 변기수가 한정되어 있을 때, 남녀가 최대한 비슷한 평균 대기시간을 갖도록 하는 남녀 각각의 변기수를 구하는 모델링을 한다.
더 생각해 볼 문제	– 남녀 평균 변기 이용시간 혹은 1분간 화장실 찾는 평균사람 수에 따르는 가변형 화장실 구조

Section 2   문제 상황 이해하기

(1) 공연장이나 영화관 등 사람이 많은 공공장소에서 화장실을 이용해 본 경험이 있나요?

> 본격적인 활동에 앞서 학생들의 실제 경험을 들어보는 시간을 가졌다. 많이 기다려 본 경험이나 불편사항 등에 대해 이야기 해보면서 현재의 문제점을 논의할 시간을 주었다.
> 친구들과 자주 영화를 보러 영화관에 가는데요, 영화를 다 보고 나서 화장실에 가면 여자 화장실 줄은 화장실 밖에까지 길게 있어요. 저는 화장실에 들어가지도 못했는데 남자 친구들은 먼저 나와서 매번 재촉해서 곤란해요.
> 작년에 인기 걸 그룹 콘서트에 갔는데, 남자 화장실 줄이 그렇게 길게 있는 적은 처음이었어요. 반면에 여자 화장실을 이용하는 사람들이 적은데 그 공간의 일부를 남자들이 쓸 수 있었다면 그렇게 줄이 길지 않았을 거예요.

(2) 남/여 화장실 대기시간에 차이가 생기는 이유가 무엇일까?

> - 같은 면적이더라도 여자 화장실의 변기 수가 남자 화장실보다 적다.
> - 대변기가 소변기에 비해 더 많은 공간을 차지하므로 여자 화장실은 남자화장실보다 효율성이 떨어진다.
> - 대변기를 사용할 때 더 많은 시간이 필요하다.
> - 문을 열고 닫는 시간, 옷을 벗고 입는 시간 등이 소요되므로 소변기를 사용할 때보다 대변기를 사용할 때 더 많은 시간이 필요하다.

(3) 대기시간과 관련 있는 요소에는 어떤 것들이 있을까? 그 요소와 대기시간들은 어떤 관계(정비례/반비례)가 있을까?

> - 같은 면적이더라도 여자 화장실의 변기 수가 남자 화장실보다 적다.
> - 대변기가 소변기에 비해 더 많은 공간을 차지하므로 여자 화장실은 남자화장실보다 효율성이 떨어진다.
> - 대변기를 사용할 때 더 많은 시간이 필요하다.
> - 문을 열고 닫는 시간, 옷을 벗고 입는 시간 등이 소요되므로 소변기를 사용할 때보다 대변기를 사용할 때 더 많은 시간이 필요하다.

Section 3 | 모델 세우기

문제 해결하기 위해 다음표 내용과 같이 간단한 식을 세워보자.

$$\text{평균 대기 시간(초)} = 60 \times \frac{\lambda \times \mu}{t}$$

여기서 μ는 1분당 화장실을 찾는 평균 사람 수, λ는 화장실 평균 이용시간(분), t는 화장실 변기 수이다.

(1) 평균 대기시간 공식을 이용하여 1분당 화장실을 찾는 평균 사람 수가 10명이고, 화장실 평균 이용시간이 1분이고, 화장실 변기 수가 11개 일 때, 평균 대기시간을 구해보자.

$\lambda = 10, \mu = 1, t = 11$이므로 위 공식에 대입해보자.

$$\text{평균 대기 시간(초)} = 60 \times \frac{10 \times 1}{11} \approx 54.5(\text{초})$$

(2) 평균 대기시간 공식을 이용하여 1분당 화장실을 찾는 평균 사람 수가 10명이고, 화장실 평균 이용시간이 1분일 때, 아래 표를 채운 뒤 해석해보자.

변기 수	10	11	12	13	14
평균 대기시간(초)	60.0	54.5	50.0	46.2	42.9
대기시간 감소분(초)	5.5		4.5	3.8	3.3

변기 수가 10개에서 11개로 한 개 늘어나면 대기시간이 5.5초 줄어든다. 변기 수가 13개에서 14개로 한 개 늘어나면 대기시간이 3.3초 줄어든다. 똑같이 한 개가 늘어나도 감소하는 대기시간에 차이가 있다.

지 도상의 주의점

직접 계산해보기 어려울 수 있다면 이 부분의 답은 제시하고 논의를 계속하도록 한다.

(3) (1)에 제시된 공식을 이용하여 변기 수에 대한 평균 대기시간 그래프를 그려보자.

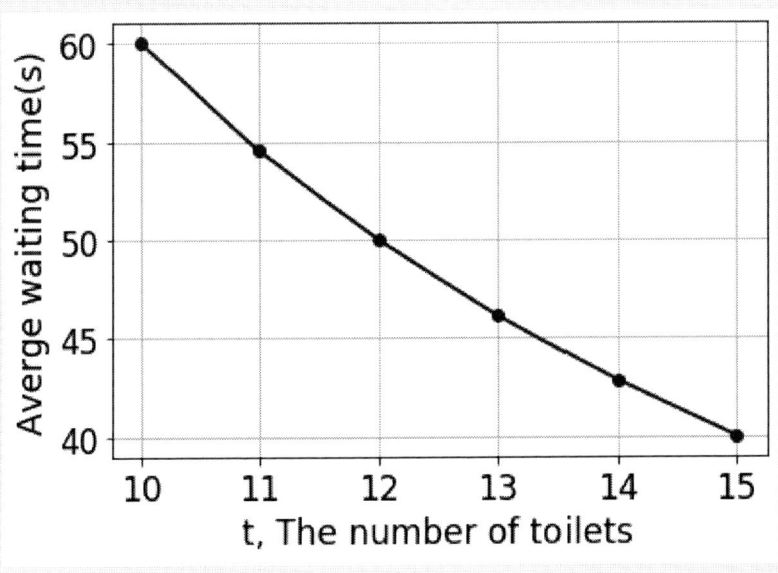

Section 4 : 문제 해결

다음 그림과 같이 가변 공중 화장실을 생각해보자.

여성 관객이 많은 공연인 경우에는 칸막이를 이동하여 많은 여성이 사용하게끔 하고 남성 관객이 많은 공연인 경우에는 칸막이를 이동하여 남성이 더 많이 사용하게 한다.

출처: https://peopleqm.blogspot.com/2017/07/no-more-queueing-at-ladies-room.html

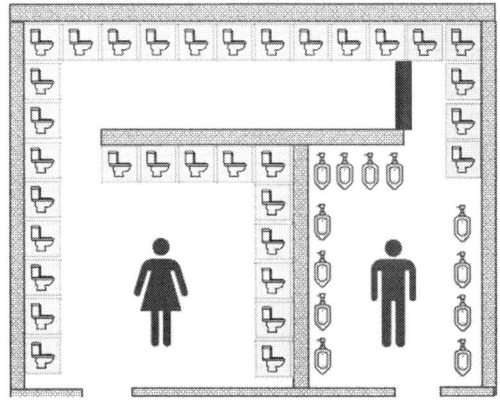

여성관객이 많은 공연인 경우

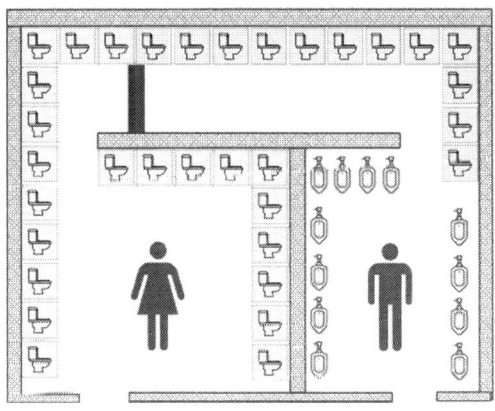

남성 관객이 많은 공연인 경우

다음 표와 같은 조건에서 남녀의 평균 대기시간을 비슷하게 하는 최적의 변기수를 찾는 수학적 모델링을 해보자.

가정1. 남녀 변기수의 총합은 50개이다.
가정2. 평균 변기 이용시간은 여자 = 2분 31초, 남자 = 1분 21초이다.
가정3. 변기 수에 따른 평균 대기분포는 2에서 제시한 공식을 따른다.

(1) 남자 90%, 여자가 10% 인 공연장에서 남녀의 평균대기시간은 각각 몇일까?

$\lambda_{남} = 9$, $\lambda_{여} = 1$, $\mu_{남} = \dfrac{81}{60}$, $\mu_{여} = \dfrac{151}{60}$ 그리고 $t = 50$이다. 이를 위 공식에 대입하여 그래프를 그리면 다음과 같다.

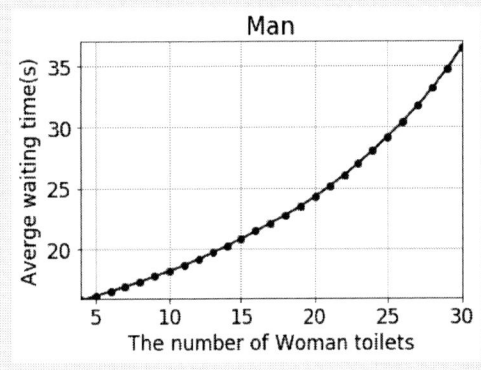

총 변기수가 $t = 50$일 때, 여자 변기 수에 대한 남자의 대기시간이다. 여자 변기 수가 증가할수록 남자 변기 수가 줄어들기 때문에 남자대기시간은 늘어난다.

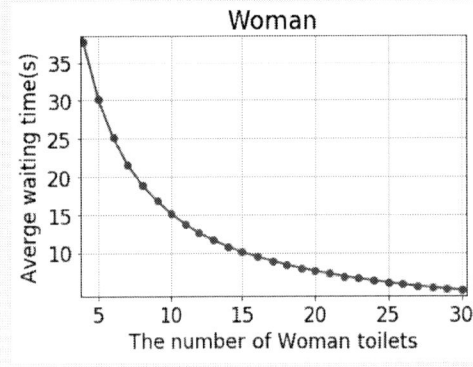

총 변기수가 $t = 50$일 때, 여자 변기 수에 대한 여자의 대기시간이다. 여자 변기수가 증가할수록 여자대기시간은 줄어든다.

(2) 남녀의 화장실을 공평하게 사용되기 위한 최적의 변기 수는 각각 몇일까?

남녀 화장실의 사용률이 비슷하기 위해, 남녀 평균 대기시간이 비슷해야 할 것이다. 따라서 남녀의 평균 대기시간 차이가 가장 적은 변기 수를 찾으면 된다. 즉, 다음과 같이 식을 세울 수 있다.

$$\arg\min\nolimits_{t_\text{여}} = |\text{남자평균대기시간}(t_\text{남}) - \text{여자평균대기시간}(t_\text{여})|$$

이 식을 그래프로 그리면 다음과 같다.

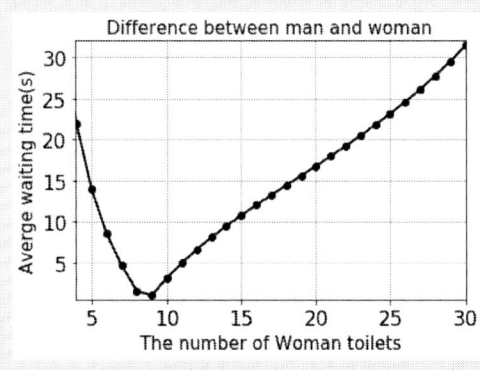

앞에서 제시한 식을 이용하면 최적의 변기 수는 남자는 41개 여자는 9개가 된다.

(3) 반대로, 남자 10%, 여자가 90% 인 공연장에서 남녀의 평균대기시간은 각각 몇일까? 또한, 최적의 변기의 수는 각각 몇일까?

$\lambda_\text{남} = 1$, $\lambda_\text{여} = 9$, $\mu_\text{남} = \dfrac{81}{60}$, $\mu_\text{여} = \dfrac{151}{60}$ 그리고 $t = 50$이다. 이를 위 공식에 대입하여 그래프를 그리면 다음과 같다.

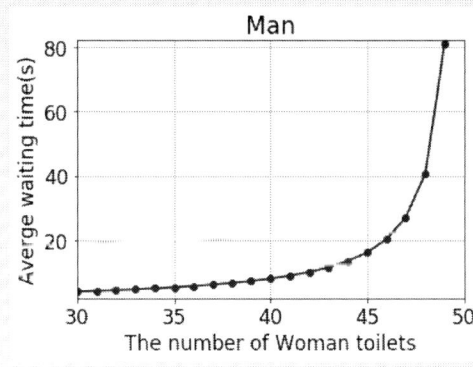

총 변기수가 $t=50$일 때, 여자 변기 수에 대한 남자의 대기시간이다. 여자변기수가 증가할수록 남자변기수가 줄어들기 때문에 남자대기시간은 늘어난다.

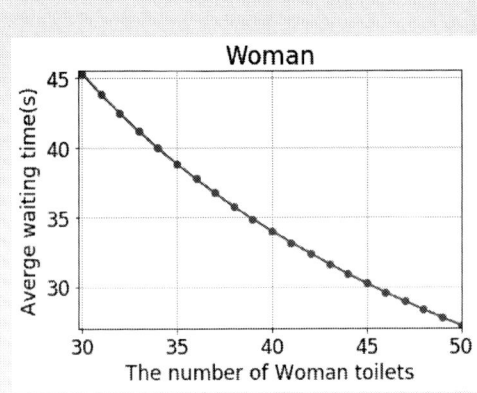

총 변기수가 $t=50$일 때, 여자 변기 수에 대한 여자의 대기시간이다. 여자 변기수가 증가할수록 여자대기시간은 줄어든다.

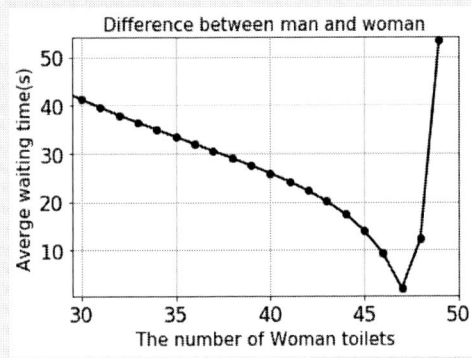

(3)에서 제시한 식을 이용하면 최적의 변기 수는 남자는 3개 여자는 47개가 된다.

다음은 위 효율적인 공중화장실에 대한 수학적 모델링에서 (3)을 파이썬 프로그램으로 구현한 코드입니다.

효율적인 공중화장실 파이썬 프로그램

```python
import numpy as np
from matplotlib import pyplot as plt

lam_man = 1
lam_woman = 9
mu_man = 81/60
mu_woman = 151/60
t = 50
t_woman = np.arange(30,t+1)
t_man = t-t_woman
WT_man = 60*lam_man*mu_man/t_man
WT_woman = 60*lam_woman*mu_woman/t_woman
WT_gap = np.array(abs(WT_woman-WT_man))
idx=np.where(WT_gap==min(WT_gap))
print('The number of Toilet')
print('Man = %d, Woman = %d' %(t_man[idx], t_woman[idx]))
plt.rc('font', size=15)
plt.plot(t_woman, abs(WT_woman-WT_man), 'ko-', linewidth=2)
plt.grid(True)
plt.xlabel('The number of Woman toilets')
plt.ylabel('Averge waiting time(s)')
plt.title('Difference between man and woman')
plt.axis('tight')
plt.show()
```

다음은 위 효율적인 공중화장실에 파이썬 코드에 대한 설명입니다.

효율적인 공중화장실

```
import numpy as np
from matplotlib import pyplot as plt

lam_man = 1
# 1분당 화장실을 찾는 평균 남성의 수
lam_woman = 9
# 1분당 화장실을 찾는 평균 남성의 수
mu_man = 81/60
# 남성의 화장실 평균 이용시간 (분)
mu_woman = 151/60
# 여성의 화장실 평균 이용시간 (분)
t = 50
# 총 변기 수
t_woman = np.arange(30,t+1)
# 여자 화장실 변기 수
t_man = t-t_woman
# 남자 화장실 변기 수 (총 변기 수 - 여자 화장실 변기 수)
WT_man = 60*lam_man*mu_man/t_man
# 남자 화장실 평균대기시간(초)
WT_woman = 60*lam_woman*mu_woman/t_woman
#여자 화장실 평균대기시간(초)
WT_gap = np.array(abs(WT_woman-WT_man))
# 남성과 여성의 화장실 평균대기시간 차이
idx=np.where(WT_gap==min(WT_gap))
# 평균 대기시간 차이 최솟값의 인덱스 값 (= 여자 화장실 변기 수)

print('The number of Toilet')
print('Man = %d, Woman = %d' %(t_man[idx], t_woman[idx]))
```

최적의 성별 화장실 변기 수 출력

```
plt.rc('font', size=15)
plt.plot(t_woman, abs(WT_woman-WT_man), 'ko-', linewidth=2)
plt.grid(True)
plt.xlabel('The number of Woman toilets')
plt.ylabel('Averge waiting time(s)')
plt.title('Difference between man and woman')
plt.axis('tight')
plt.show()
```

여자 화장실 변기 수에 따른 남성과 여성의 대기시간 차이를 보여주는 그래프

파이썬(Python) 설치

파이썬은 공식 홈페이지(https://www.python.org/)에서 다운로드 받아 설치할 수 있다. 하지만 사용하고 싶은 패키지를 하나씩 직접 다운로드 받아야 하는 불편함이 생긴다. 불편함을 해결하기 위해 400개 이상의 파이썬 패키지를 포함하고 있는 아나콘다를 설치하여 사용할 것이다.

1 내 컴퓨터의 운영체제를 알아보자

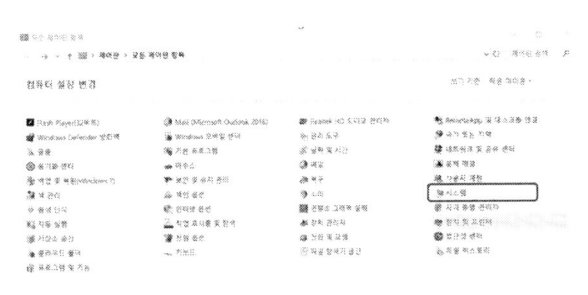

내 컴퓨터의 운영체제를 확인하기 위해 왼쪽 그림과 같이 제어판에서 시스템을 더블 클릭한다.

왼쪽 그림에서 운영체제의 비트 수를 확인할 수 있다.
64비트 운영 체재로 되어있다.

2 프로그램을 다운로드 해보자

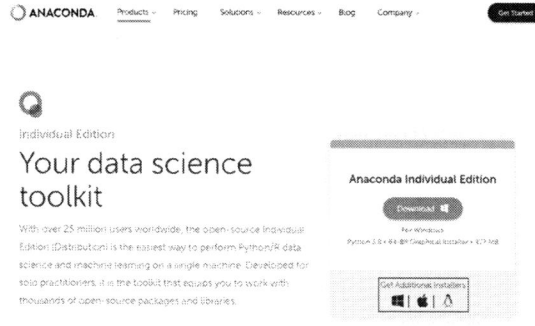

아나콘다(Anaconda) 홈페이지에 접속하여 Get Additional Installers 버튼을 클릭한다. 홈페이지 주소는 아래와 같다.
https://www.anaconda.com/products/individual

본인의 PC에 맞는 운영체제를 선택한다.
이 책에서는 Python 3.8 version '64-Bit Graphical Installer (477 MB)'를 다운로드하여 사용하였다.

3 프로그램을 설치 해보자

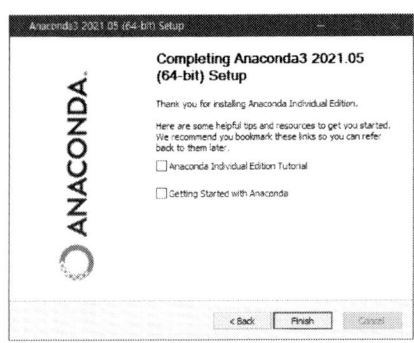

다운로드한 파일 Anaconda3-2021.05-Windows-x86_64.exe 을 더블클릭하여 실행한다. [Next >]를 클릭한다.

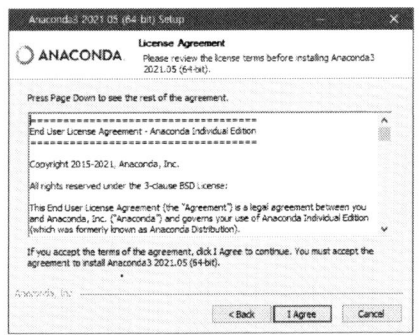

프로그램 라이센스의 약관에 대해 동의하는 내용이다. [I Agree]를 클릭한다.

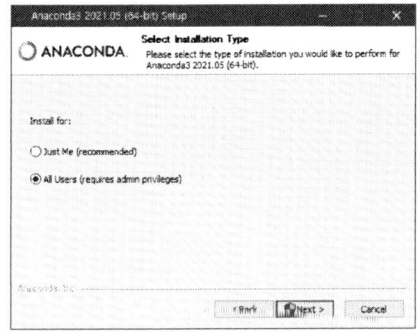

설치 유형에서 'All User'를 선택하고 [Next >]를 클릭한다.

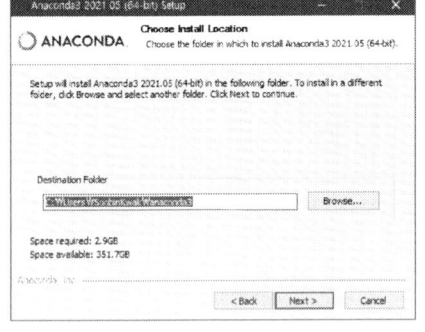

프로그램 설치 위치를 정하는 창이다. 원하는 위치를 지정한 후 [Next >]를 클릭한다.

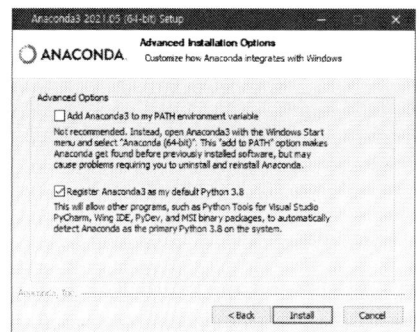

추가 옵션을 선택한 후 [Install]을 클릭한다.

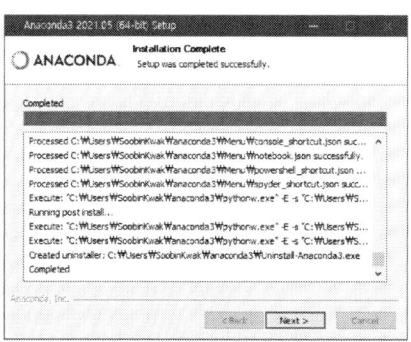

설치에 필요한 파일이 복사되는 과정을 표시하는 창이다. 컴퓨터 사양에 따라 조금씩 다른 시간이 소요된다.
왼쪽 화면과 같이 정상적으로 설치가 완료되었다면 [Next >]를 클릭한다.

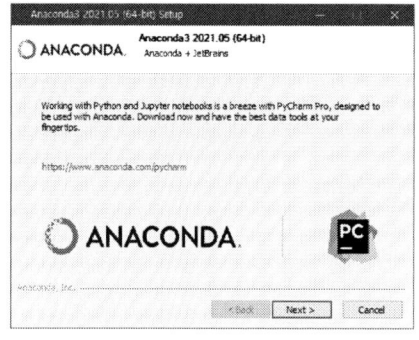

파이참 설치를 원한다면 링크에 접속해 설치하고, 원하지 않는다면 [Next >]를 클릭한다.

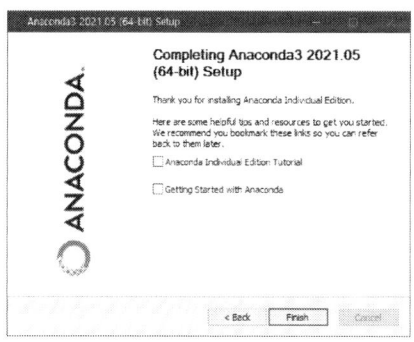

아나콘다 설치가 완료되었다.
[Finish]를 클릭하여 설치를 마치자.

4 초기 설정

프로그램 설치를 마치면 다음과 같은 Spyder(Anaconda3) 아이콘이 있다. 더블클릭하여 프로그램을 실행하자.

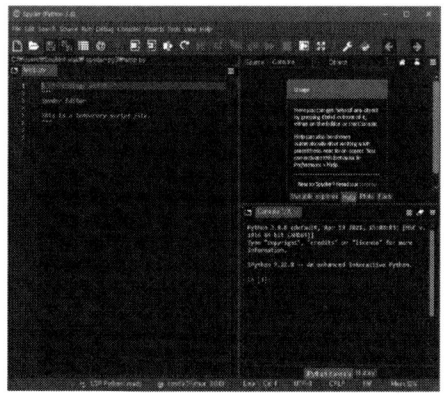

Spyder 프로그램을 실행하면 왼쪽 그림과 같은 화면이 나온다.
왼쪽 창을 Editor(에디터)창이라 하고 오른쪽 하단의 창을 Console(콘솔)창이라고 한다.

5 간단한 명령어 실행하기 (Console)

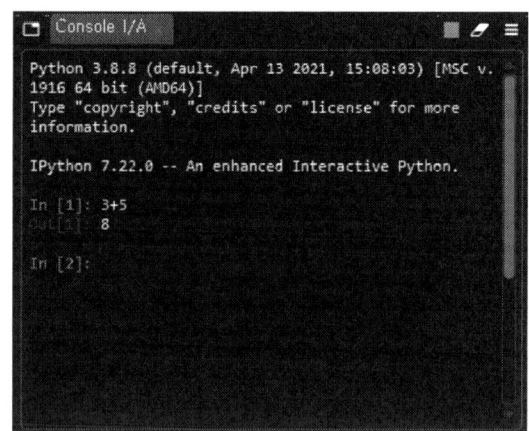

왼쪽 그림과 같이, 3+5를 입력하고 Enter 키를 누르면 8이라는 결과를 얻는다. 한 번 따라 해보자.

6 py-file 생성 및 실행(editor)

여러 명령문을 동시에 실행하고 싶다면, 'Editor'를 이용하자.

Editor 창에서 print(3+5)를 입력하고 버튼 ▶(Run, F5)을 클릭하자.

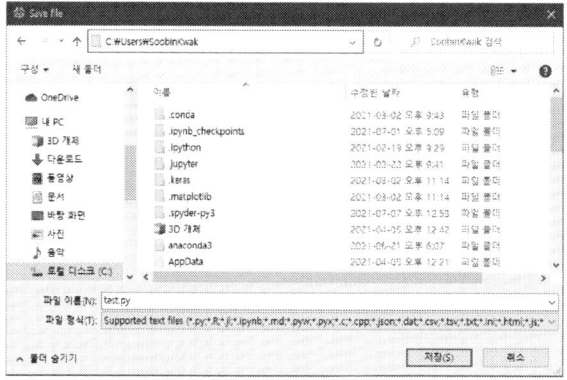

파일을 다른 이름으로 저장하라는 메시지가 나온다. 이때 원하는 위치에 원하는 파일명으로 저장하면 된다. 예를 들면, "test.py"처럼 원하는 파일명으로 수정해 저장하면 된다.

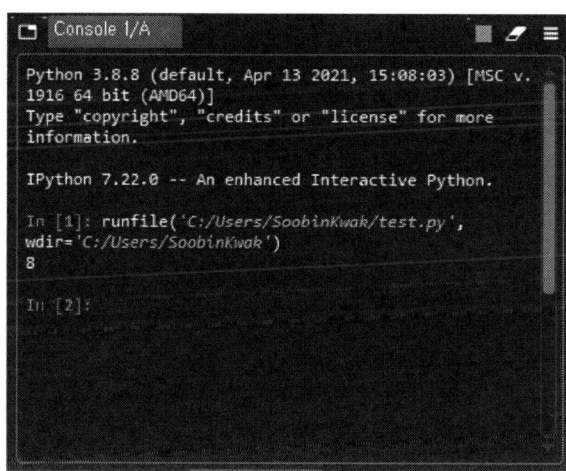

이제 결과를 Console창에서 확인해 보면 왼쪽과 같을 것이다.

참고사항

* 프로그램 실행 중 강제 종료를 하고 싶을 때에는 Console창을 마우스로 클릭한 후에 Ctrl 키를 먼저 누른 상태에서 C 키를 누른다.
* 코딩할 때 프로그램 코드를 하나하나 직접 입력해서 실행하는 것은 매우 중요한 과정이다. 때로는 오타로 인해 프로그램 오류가 날 수도 있지만, 오류를 찾으면서 프로그램 기술을 많이 배우는 기회를 얻게 될 것이다.

Part 05 파이썬 기초 명령어

주석,

코드에 간단한 설명을 해두고자 할 때, 설명 문구 앞에 '#'를 붙이면 코드를 실행한 결과에 주석('#설명문구')은 어떠한 영향을 주지 않는다. 단, 주석은 한 줄 단위로 인식한다.

예제

```
a=1
# 변수 a에 1을 할당
print(a)      #변수 a 출력
#b=2
# 주석, 어떠한 영향을 주지 않음.
c=3
# 변수 c에 3을 할당
print(c)      #변수 c 출력
```

결과

```
1
3
```

참고사항

파이썬을 이용하다 보면 내장 함수들의 사용법과 옵션에 대하여 알고 싶을 때, Console창에 다음과 같이 입력하면 알 수 있다.
 - 간단한 설명 : help (명령어)

연산자

덧셈	+
뺄셈	-
곱셈	*
제곱	**
나눗셈	/
몫	//
나머지	%

예제

a = 2
b = a+3
c = 2*3
d = b**a
e = 9/3
f = 7//3
g = 7%3
print(' a = %d\nb = %d\nc = %d\nd = %d\ne = %d\nf = %d\ng = %d' %(a, b, c, d, e, f, g))

결과

a = 2
b = 5
c = 6
d = 25
e = 3
f = 2
g = 1

range

range(start, stop, step) 형식으로 사용할 수 있다.
start 값부터 step 만큼씩 증가하면서 stop 값 전까지의 정수들로 이루어진 리스트(list)를 생성한다.
start = 0, step = 1이면 생략이 가능하다.

예제

```
a = range(10)
print(a)
```

결과

```
range(0, 10)
```

len

len을 이용하면 배열의 크기를 알 수 있다.
문자열 숫자열 모두 가능하다.

예제

```
a = range(10)
b = len(a)
print(b)
```

결과

```
10
```

max, min

max을 이용하면 최댓값, min을 이용하면 최솟값을 알 수 있다.

예제

```
a = range(10)
b = max(a)
c = min(a)
print('max = %d\nmin = %d' %(b, c))
```

결과

```
max = 9
min = 0
```

Index

파이썬에서 인덱스(index)의 시작은 0이다.
리스트의 마지막 요소의 인덱스는 -1이다.

예제

```
a = range(1,10)
b = a[0]          # '[ ]' 안에 인덱스를 넣어주면 된다.
c = a[1]
d = a[-1]
print('1st index 0f a = %d\n2nd index of a = %d\nlast index of a = %d' %(b, c, d))
```

결과

```
1st index 0f a = 1
2nd index of a = 2
last index of a = 9
```

abs

abs는 절댓값을 계산해 준다

예제

```
a = 5-10
b = abs(a)        # a의 절댓값 계산
print('a = %d\nabsolute value of a = %d' %(a, b))
```

결과

```
a = -5
absolute value of a = 5
```

str

문자열을 생성하거나, 숫자열을 문자열로 바꿔준다.

예제

```
a=5
b=str(a)
print('type(a) = %s\ntype(b) = %s' %(type(a), type(b)))
print('a equals b -> %s' %(a==b))
```

결과

```
type(a) = <class 'int'>
type(b) = <class 'str'>
a equals b -> False
```

논리연산자 & 비교연산자

연산자	True	False
x and y (x & y)	x와 y 모두 참	x와 y 중 하나라도 거짓
x or y (x | y)	x와 y 중 하나라도 참	x와 y 모두 거짓
not x (~x)	x가 아닐 경우	x일 경우
x == y	x = y (class도 같아야 한다)	x와 y가 다를 경우
x != y	x와 y가 다를 경우	x와 y가 같은 경우
x < y	x가 y 미만인 경우	x가 y 이상인 경우
x <= y	x가 y 이하인 경우	x가 y 초과인 경우
x > y	x가 y 초과인 경우	x가 y 이하인 경우
x >= y	x가 y 이상인 경우	x가 y 미만인 경우

if-else

조건문으로 if 문이 True이면 if 문이 실행되고 거짓이면 다음 문장을 검토하고 실행한다. for 문과 마찬가지로 들여쓰기를 통해 구분한다. elif는 else if의 뜻으로 쓰인다.

예제

```
a = 3
if a>3:
    print(a, '> 3')
elif a<3:
    print(a, '< 3')
else:
    print(a, '= 3')
```

결과

3 = 3

for

변수에 요소가 순서대로 할당되고 반복문이 실행된다. 들여쓰기를 통하여 반복문을 설정할 수 있다.

예제

```
for i in range(10) :
    print(i, end=' ')
```

결과

0 1 2 3 4 5 6 7 8 9

while

while 문이 True이면 while 문 안의 문장들이 반복된다. while 문이 False가 될 때까지 반복되므로 무한루프에 빠지지 않도록 주의해야 한다.
while 문 안에 break를 사용하면 while 문을 중단시켜 무한루프에 빠지지 않도록 할 수 있다.

예제

```
a=2
while a<10:
    if a%5==0:
        break
    else:
        a = a+1
    print('New a is', a)
```

결과

new a is 3
new a is 4
new a is 5

numpy

파이썬의 라이브러리(Library)로 복잡한 수치계산을 위해 필요한 유용한 기능을 제공해 준다. import로 numpy 라이브러리를 불러와 흔히 np라고 이름을 설정한다.

np.array

m × n 행렬의 형태를 만들 수 있다. 리스트와 다르게 연산이 가능하다.

예제

```
import numpy as np
a = np.array([[2, 4, 6, 8, 10],[1, 3, 5, 7, 9]])
print(a)
```

결과

```
[[ 2  4  6  8 10]
 [ 1  3  5  7  9]]
```

np.arange

내장함수 range와 비슷하나 arange를 사용하면 배열의 형태로 바로 저장해 준다.

예제

```
import numpy as np
a = np.arange(10)
print(a)
```

결과

```
[0 1 2 3 4 5 6 7 8 9]
```

np.zeros

np.zeros([m, n])을 통해 m × n 영행렬을 만들 수 있다.

예제

```
import numpy as np
a = np.zeros([2, 3])
print(a)
```

결과

```
[[0. 0. 0.]
 [0. 0. 0.]]
```

np.random.randint

균일 분포의 정수 난수를 생성한다.
np.random.randint(min, max, n) : min값 부터 max값 전까지 범위에서 n개의 정수 난수 생성

예제

```
import numpy as np
a = np.random.randint(1, 10, (2,3))
print(a)
```

결과

```
[[1 7 4]
 [3 6 3]]
```

np.hstack

행의 크기가 같은 배열을 행결합 시켜준다.

예제

```python
import numpy as np
a = np.random.randint(1, 10, (2,3))
b = np.zeros([2,2])
c = np.hstack([a, b])
print(c)
```

결과

```
[[5. 2. 7. 0. 0.]
 [9. 8. 3. 0. 0.]]
```

np.where

조건에 맞는 배열의 인덱스를 알려준다.

예제

```python
import numpy as np
a = np.arange(1, 10,2)
b = np.where(a==5)
c = a[b]
print('a =', a, '\nb =', b, '\nc =', c)
```

결과

```
a = [1 3 5 7 9]
b = (array([2], dtype=int64),)
c = [5]
```

np.delete

요소가 포함된 배열과 요소의 인덱스 값을 입력하면 해당 인덱스 위치의 요소가 배열에서 삭제 된다.

예제

```
import numpy as np
a = np.arange(1, 10, 2)
print(a)
a = np.delete(a, [3])
print(a)
```

결과

```
[1 3 5 7 9]
[1 3 5 9]
```

np.floor

각 요소의 값을 넘지 않는 최대 정수를 계산해 준다.

예제

```
import numpy as np
a = [-0.3, 2.5, 3.7, -4.1, 5.6]
a=np.floor(a)
print(a)
```

결과

```
[-1.  2.  3. -5.  5.]
```

np.sum

배열의 합을 계산해준다.

예제

```
import numpy as np
a = np.arange(10)
b = np.sum(a)
print(a,'\n',b)
```

결과

```
[0 1 2 3 4 5 6 7 8 9]
 45
```

np.cumsum

배열의 누적합을 계산해 준다.

예제

```
import numpy as np
a = np.arange(10)
b = np.cumsum(a)
print(a,'\n',b)
```

결과

```
[0 1 2 3 4 5 6 7 8 9]
 [ 0  1  3  6 10 15 21 28 36 45]
```

np.lcm.reduce

배열의 최소공배수를 계산해 준다.
두 수만 비교한다면 reduce는 생략이 가능하다.

예제

```python
import numpy as np
a = np.random.randint(1, 10, 3)
print(a)
b = np.lcm.reduce(a)
print(b)
c = np.lcm(3,5)
print(c)
```

결과

```
[3 8 5]
120
15
```

matplotlib.pyplot

matplotlib는 파이썬 데이터를 시각화할 때 많이 사용하는 라이브러리 패키지이다.
pyplot은 matplotlib에서 지원해 주는 모듈 중 하나이다.
form을 이용하여 matplotlib을 불러오고 import를 이용하여 pyplot을 불러와 흔히 plt로 이름을 설정한다.

plt.plot

입력한 인자에 해당하는 선 그래프를 그려준다.

예제

```
from matplotlib import pyplot as plt
x = range(10)
y = range(10)
plt.plot(x, y)
```

결과

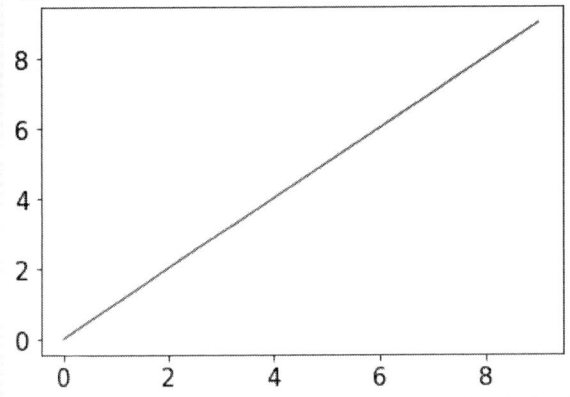

plt.bar

입력한 인자에 해당하는 막대 그래프를 그려준다.

예제

```
from matplotlib import pyplot as plt
x = range(10)
y = range(10)
plt.bar(x, y)
```

결과

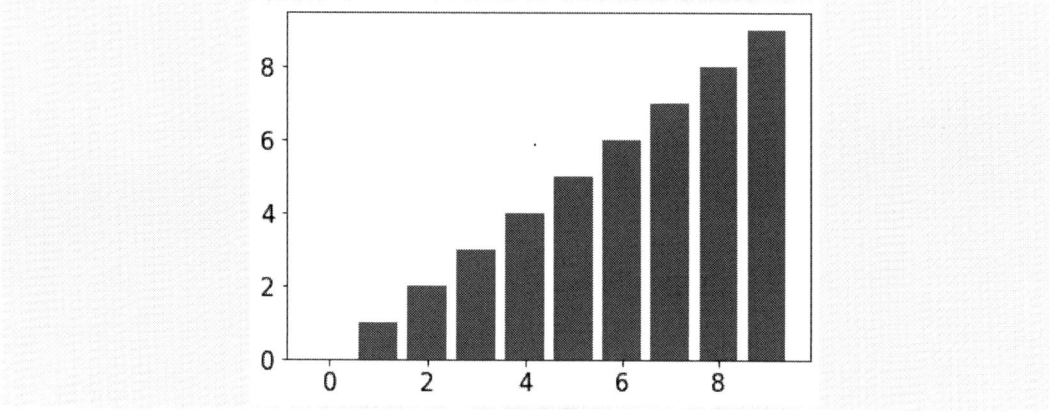

plt.show

생성된 그래프를 보여준다.

예제

```
from matplotlib import pyplot as plt
for i in [10, 20, 30]:
    x = range(i)
    y = range(i)
    plt.plot(x, y)
    plt.show()
```

결과

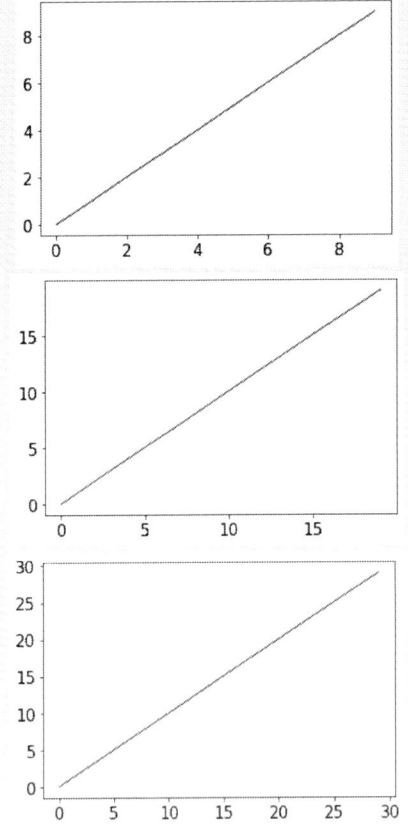

plt.axis

figure에 여러 옵션을 설정할 수 있다.

plt.axis(	[xmin, xmax, ymin, ymax]	)	x축, y축 범위 설정
	'on'		축, 라벨 등 모두 활성화
	'off'		축, 라벨 등 모두 비활성화
	'auto'		자동 설정
	'normal'		자동 설정
	'tight'		데이터를 모두 볼 수 있도록 충분히 크게 설정
	'equal'		축을 동일하게 설정
	'scaled'		plot의 차원과 동일하게 설정
	'image'		data 범위와 같게 설정
	'square'		사각형 범위 즉, xmax-xmin = ymax-ymin

예제

```
from matplotlib import pyplot as plt
x = range(10)
y = range(10)
plt.plot(x, y, 'o-')
plt.axis([-5, 10, -5, 10])
```

결과

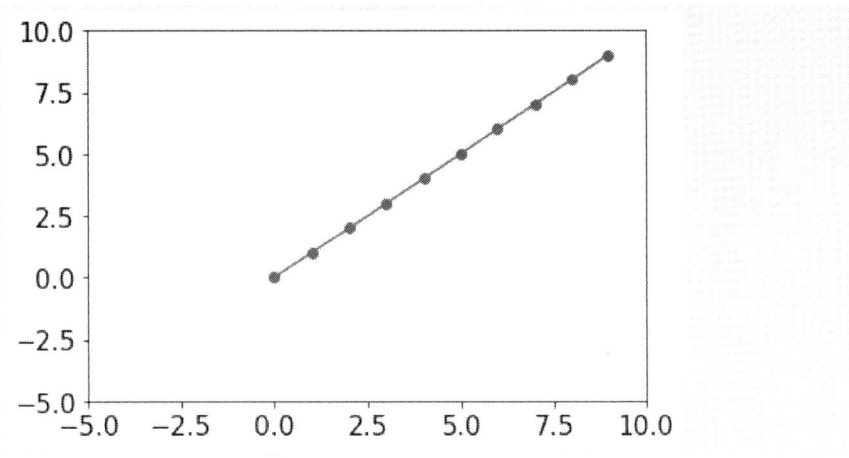

plt.grid

figure에 격자를 생성할 수 있다. default값은 False이다.

예제

```
from matplotlib import pyplot as plt
x = range(10)
y = range(10)
plt.plot(x, y)
plt.grid(True)
plt.show()
```

결과

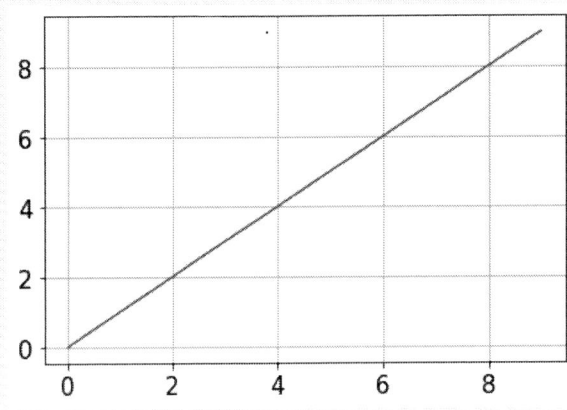

plt.title

figure의 제목을 설정할 수 있다.

예제

```
from matplotlib import pyplot as plt
x = range(10)
y = range(10)
plt.plot(x, y)
plt.title('f(x)=x')
plt.show()
```

결과

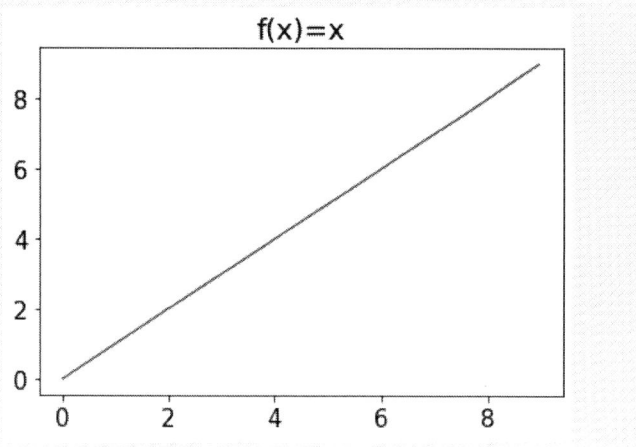

plt.xlabel / plt.ylabel

xlabel은 x축의 라벨을 ylabel은 y축의 라벨을 설정할 수 있다.

예제

```
from matplotlib import pyplot as plt
x = range(10)
y = range(10)
plt.plot(x, y)
plt.xlabel('x')
plt.ylabel('y')
plt.show()
```

결과

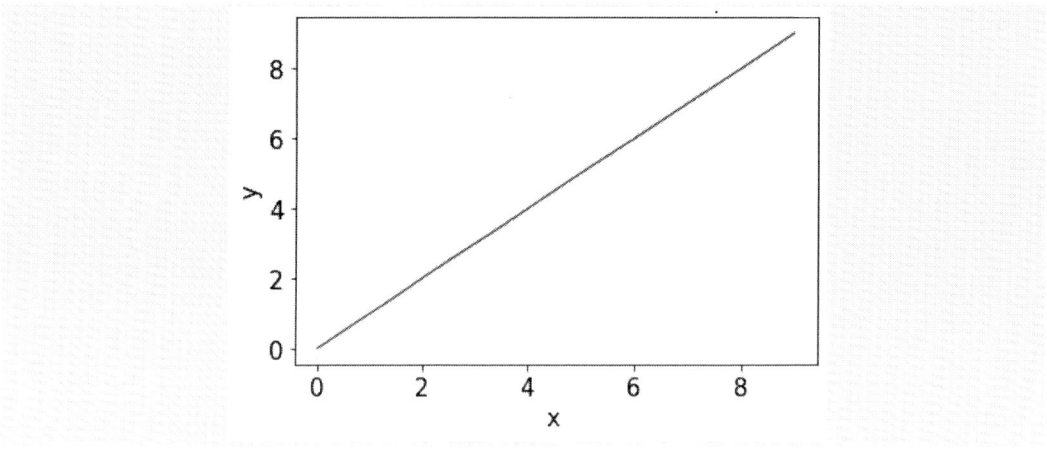

plt.text

지정한 위치에 text를 figure에 추가할 수 있다.

예제

```
from matplotlib import pyplot as plt
x = range(10)
y = range(10)
plt.plot(x, y, 'o-')
plt.text(4.5, 5.5,'(5, 5)', fontsize=13)
plt.show()
```

결과

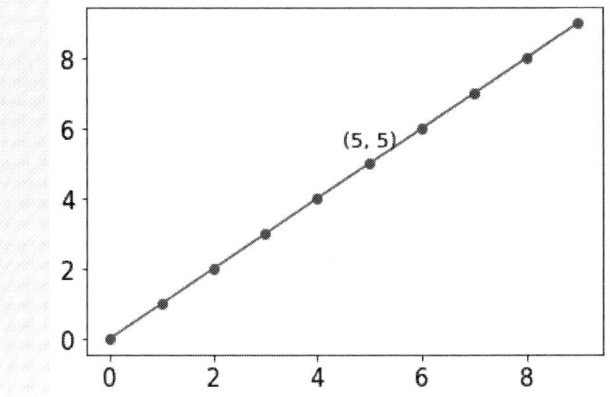

plt.rc

figure의 여러 옵션의 font 크기를 설정할 수 있다.

plt.rc(	'font'	,	size	= n)
	'axes'		titlesize
	'axes'		labelsize
	'xtick'		labelsize
	'ytick'		labelsize
	'legend'		fontsize
	'figure'		titlesize

* n 입력값은 숫자나 SMALL_SIZE(=8), MEDIUM_SIZE(=10), BIGGER_SIZE(=12)

예제

```
from matplotlib import pyplot as plt
x = range(10)
y = range(10)
plt.rc('font', size=20)
plt.plot(x, y, 'o-')
plt.title('f(x)=x')
plt.xlabel('x')
plt.ylabel('y')
plt.text(4, 6,'(5, 5)')
plt.show()
```

결과

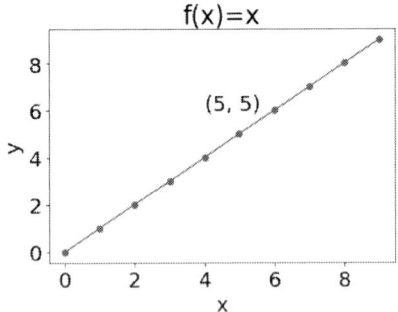